A Gary Nygaard, el mejor amigo.

D.L.

Para mi hija Hiromi.
Un agradecimiento especial para Patrick y Yuko Hughes.

H.W.

La MEJOR MASCOTA

David LaRochelle

ILUSTRACIONES DE
Hanako Wakiyama

LOS PRIMERÍSIMOS

Primera edición en inglés: 2004
Primera edición en español: 2007

LaRochelle, David
    La mejor mascota / David LaRochelle ; trad. de
    Laura Emilia Pacheco; ilus. de Hanako Wakiyama.
    —México: FCE, 2007
    36 p.: ilus.; 22 x 17 cm— (Colec. Los Primerísimos)
    Título original: The Best Pet of All
    ISBN 978-968-16-8374-0

    1. Literatura Infantil I. Pacheco, Laura Emilia, tr.
    II. Wakiyama, Hanako, il. III. Ser. IV. t.

LC PZ7   Dewey 808.068 L134m

Distribución mundial para lengua española

Comentarios y sugerencias:
librosparaninos@fondodeculturaeconomica.com
www.fondodeculturaeconomica.com
Tel. (55)5449-1871. Fax (55)5227-4640

▣ Empresa certificada ISO 9001:2000

Coordinación editorial: Miriam Martínez y Eliana Pasarán
Traducción: Laura Emilia Pacheco
Formación: Paola Álvarez Baldit

Título original: *The Best Pet of All*

D. R. © 2004, David LaRochelle (texto)
D. R. © 2004, Hanako Wakiyama (ilustraciones)
Derechos reservados, incluyendo el derecho a reproducción parcial o total.
Esta edición está publicada mediante acuerdo con Dutton Children's Books, división
de Penguin Young Readers Group, miembro de Penguin Group (USA) Inc.

D.R. © 2007, Fondo de Cultura Económica
Carretera Picacho Ajusco 227
Bosques del Pedregal
C. P. 14200, México, D. F.

ISBN 978-968-16-8374-0

Impreso en México / *Printed in Mexico*

El lunes le pregunté a mi mamá si me dejaba tener un perro.

—Los perros son buenas mascotas.

—No —respondió—. Los perros hacen mucho tiradero.

El martes le pregunté a mi mamá si me dejaba tener un perro.

—Los perros son muy buenas mascotas.

—No —respondió—. Los perros hacen demasiado ruido.

El miércoles le pregunté a mi mamá si me dejaba tener un perro.

—Un perro es la mejor mascota de todas.

—No —respondió ella—. ¡NADA DE PERROS!

El jueves le pregunté a mi mamá si me dejaba tener un dragón.

—¿Un dragón? —respondió—. Nunca he oído de un dragón

que sea mascota.

Se quedó pensando un momento:

—Si encuentras uno, puedes quedártelo.

No es fácil hallar un dragón.

No había dragones en el parque.

No había dragones en la playa.

No había dragones en el bosque.

No había dragones en el zoológico.

Por fin encontré un dragón.

El dragón estaba en la farmacia.
Llevaba sombrero y lentes oscuros.

Le pedí al dragón que viniera conmigo.

El dragón no quiso.

—Puedes dormir en mi cama.

Ni así aceptó.

—Puedes jugar con mis juguetes.

El dragón aceptó.

A los dragones les gustan los juguetes.

Pero no les gusta guardarlos en su lugar.

No les gusta ayudar en los quehaceres de la casa.

Y hacen mucho tiradero en la cocina.

Asan salchichas en la sala.

Y les gusta bailar toda la noche con música muy ruidosa.

A mi mamá no le gustó el dragón.

Le pidió que se fuera por favor.

El dragón se negó.

Entonces le dijo al dragón que se fuera *de inmediato*.

Aún así el dragón no aceptó.

Por fin mi mamá se enojó.

Y se desesperó.

Le dijo al dragón que se fuera

EN ESE MISMO INSTANTE

o que ya vería cómo le iba a ir.

El dragón se limitó a negar con la cabeza.

Siguió comiendo espagueti en la bañera.

—Lástima que no tengamos un perro —le dije a mi mamá—.
A los dragones no les gustan los perros.

El dragón se veía preocupado.

—Los dragones les tienen miedo a los perros —dije.

El dragón comenzó a temblar.

—Un perro podría deshacerse del dragón.

El dragón corrió a meterse al baúl de mis juguetes.

—Quizá tengas razón —dijo mi mamá—.
Tal vez necesitamos un perro.

Colgué en la ventana un letrero que decía:
SE SOLICITA PERRO.

Al poco tiempo alguien tocó a la puerta.

Era un perro.

El dragón vio al perro.

Tomó su sombrero y salió corriendo.

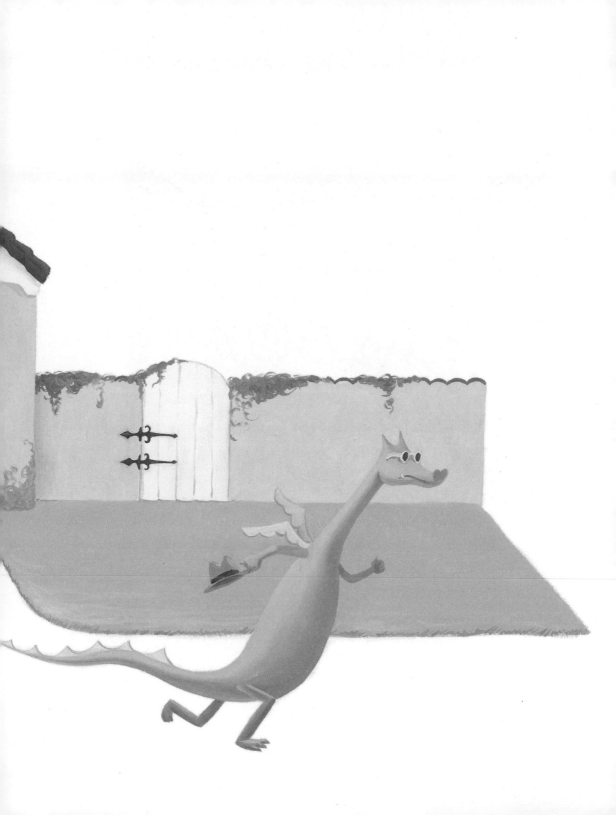

—Gracias al cielo tenemos un perro
—dijo mi mamá—. Un perro
es una buena mascota.

Mi perro movió la cola.

—Sí —respondí—. Un perro es la mejor mascota de todas.

La mejor mascota
de David LaRochelle y Hanako Wakiyama
se terminó de imprimir en febrero de 2007 en los talleres
de Impresora y Encuadernadora Progreso, S. A. de C. V.
(IEPSA) Calzada San Lorenzo 244, Paraje San Juan,
C. P. 09830, México, D. F.
El tiraje fue de 6 000 ejemplares.